LA BATALLA DEL SOMME

La ofensiva aliada que salva Verdún

Por Julien Wilmart
En colaboración con Antoine Baudry
Traducido por Laura Bernal Martín

Historia 
en50MINUTOS.es

LA BATALLA DEL SOMME

DATOS CLAVE

- **¿Cuándo?** Del 1 de julio al 18 de noviembre de 1916.
- **¿Dónde?** A ambas orillas del río Somme, en la región de Picardía (Francia).
- **¿Contexto?** La Primera Guerra Mundial (1914-1918).
- **¿Beligerantes?** Los Aliados (Francia y Gran Bretaña) contra el Imperio alemán.
- **¿Actores principales?**
  - Joseph Joffre, generalísimo del ejército francés (1852-1931).
  - Ferdinand Foch, general francés (1851-1929).
  - Douglas Haig, general comandante de la Fuerza Expedicionaria Británica (1861-1928).
  - Max von Gallwitz, general alemán (1852-1937).
- **¿Resultado?** Incierto (retirada táctica alemana).
- **¿Víctimas?**
  - Bando aliado: alrededor de 622 221 hombres quedan fuera de combate.
  - Bando alemán: alrededor de 437 322 hombres quedan fuera de combate.

INTRODUCCIÓN

La batalla del Somme, un enfrentamiento que tiene lugar durante la Primera Guerra Mundial, es el símbolo de la costosa e inútil ofensiva ideada por los estrategas de este primer conflicto global. Ilustra a la perfección las deplorables condiciones de vida de los soldados, refugiados en trincheras inundadas y llenas de barro.

Las intenciones de Joseph Joffre cuando inicia «su» batalla son las mismas que las de Erich von Falkenhayn (general alemán, 1861-1922) cuando ataca Verdún en febrero de 1916: acabar con la guerra de posiciones que paraliza el frente desde 1914 para relanzar una guerra de movimientos que tendría la ventaja de romper el ejército alemán. De hecho, estas dos batallas están estrechamente ligadas, y no solo porque se desarrollan en paralelo, sino porque una, la del Somme, se produce debido a la otra, la de Verdún.

La batalla comienza el 1 de julio de 1916 en el sector del Somme en el que tenían que reunirse los ejércitos francés y británico, y termina cinco meses más tarde, en noviembre. La contienda carece de un verdadero vencedor, aunque le otorga una ligera ventaja a los Aliados, que logran avanzar un poco y asestan un duro golpe moral a las tropas alemanas. De hecho, los alemanes no solo fracasan en Verdún, sino que también sufren una guerra de desgaste.

Aunque Verdún ha borrado de la memoria de los franceses la batalla del Somme, esta última está grabada a fuego en la de los británicos y los alemanes debido al trauma que sufren sus ejércitos, como demuestran los numerosos monumentos conmemorativos y los cementerios militares del Somme.

CONTEXTO POLÍTICO Y SOCIAL

LA POLÍTICA EXTERIOR DE FRANCIA Y EL ACERCAMIENTO A GRAN BRETAÑA

En el plano diplomático, Francia se encuentra aislada tras su derrota en la guerra franco-alemana de 1870 y la pérdida de Alsacia y Lorena —anexionadas por Alemania—. Entre 1871 y 1914 intenta recuperarse en el plano militar y comienza a buscar aliados europeos preocupados por el poder alemán. Sin embargo, su principal objetivo es recuperar el territorio perdido.

Por su parte, Alemania —y su canciller Otto von Bismarck (1815-1898)— quiere aislar a Francia y, para lograrlo, establece una alianza con Austria-Hungría e Italia en 1882: la Triple Alianza. Al mismo tiempo, anima a Francia para que se lance a la aventura colonial con el fin de que los franceses descarten toda idea de venganza y se vean empujados a librar una guerra contra Gran Bretaña. Sin embargo, con la excepción de algunas crisis coloniales, ambos Estados se unen ante el auge del poder de Alemania a finales del siglo XIX.

Por otra parte, Francia también se acerca a Rusia al permitir que los inversores coloquen préstamos rusos en la Bolsa de París. Esto permite que ambas naciones firmen un acuerdo militar en 1892, que un año más tarde se convertirá en una alianza franco-rusa. Esta alianza secreta y defensiva supone el fin del aislamiento de Francia.

A partir de ese momento, Francia intenta concretizar su acercamiento a Gran Bretaña y obtiene en 1904 una serie de acuerdos bilaterales, apodados «la Entente Cordiale», que acaban con sus conflictos coloniales al definir zonas de influencia en el mundo. Se trata de una alianza defensiva. Tres años más tarde, Gran Bretaña y Rusia firman un tratado que delimita su esfera de influencia. Este tratado, la Entente anglo-rusa, constituye junto con la alianza franco-rusa de 1892 la base de la Triple Entente (cuyos miembros son llamados Aliados después del inicio de la guerra) y forma un fuerte contrapeso a la Triple Alianza.

LA CRISIS DE 1914: EUROPA ENTRA EN GUERRA

El año 1914 marca la cumbre de las tensiones entre los Estados europeos y, más en concreto, entre los países miembros de las dos alianzas. Esto se debe, sobre todo, a las discrepancias coloniales y a la presión que Alemania provoca sobre Francia y Gran Bretaña.

El estallido de la Primera Guerra Mundial se debe a un acontecimiento que, a primera vista, parece aislado en el contexto histórico global: el 28 de junio de 1914, el nacionalista serbio Gavrilo Princip (1894-1918) asesina en Sarajevo (Bosnia-Herzegovina) al archiduque Francisco Fernando de Habsburgo (1863-1914), heredero del emperador de Austria.

Asesinato del archiduque Francisco Fernando de Habsburgo, ilustración publicada en *Le Petit Journal* en julio de 1914.

Austria quiere aprovechar esta tensa situación para conquistar y anexionarse Serbia, y el 23 de julio lanza un ultimátum en el que exige el desarme de Serbia, pero esta lo rechaza defendiendo su soberanía. Entonces, el 28 de julio, Austria-Hungría le declara la guerra, consciente de que el único riesgo que corre es que Rusia apoye a Serbia en nombre del paneslavismo (doctrina política y cultural que pone de relieve la identidad común compartida por los pueblos eslavos y que preconiza su unión política). Alemania, por su parte, decide no desanimar a Austria-Hungría en su empresa y confía en que el conflicto se mantenga en los Balcanes y en que Rusia no intervenga.

Sin embargo, el 30 de julio, Rusia decreta la movilización general con la intención de intimidar a Austria-Hungría y disuadirla de atacar. Toda Europa tiembla y los Estados, conscientes de que la guerra es inminente, quieren estar preparados y también se movilizan. A partir de aquí, los acontecimientos se precipitan:

- Francia confirma su apoyo a Rusia porque teme perder su alianza;
- Gran Bretaña, a fecha de julio, no adopta una postura clara;
- Alemania, en nombre de su alianza con Austria-Hungría y con el fin de imponer sus intereses en Europa, le declara la guerra a Rusia el 1 de agosto. Dos días después, y tras darle un ultimátum a Francia —que esta rechaza— Alemania también le declara la guerra. Al día siguiente invade Bélgica, lo que hace que Gran Bretaña entre en acción: en nombre de la Triple Entente y como garante de la neutralidad belga, le declara la guerra a Alemania.

Ya desde el principio del conflicto, Francia, Gran Bretaña y Rusia acuerdan no firmar la paz separada con Alemania o Austria-Hungría y, por ello, los tres primeros estarán unidos hasta el final del conflicto.

Esta crisis lleva al primer conflicto mundial debido al juego de alianzas internacionales que, en realidad, no es más que una trampa en la que los Estados caen. La situación se vuelve incontrolable enseguida. Sin embargo, en 1914, todos los Estados están convencidos de que ganarán y, por ello, creen que la guerra durará poco.

LOS PRIMEROS COMBATES Y EL CAMBIO DE ESTRATEGIA MILITAR

Cuando invade Bélgica y Luxemburgo el 4 de agosto de 1914, el general Helmuth Johannes von Moltke (1848-1916), jefe del Estado Mayor alemán, adapta el Plan Schlieffen —que le debe su nombre a su creador—. Este plan, elaborado entre 1891 y 1905, preveía atacar y derrotar a Francia con rapidez en el oeste para a continuación aplastar a Rusia en el este. Sin embargo, Bélgica se niega a dejar que las tropas alemanas atraviesen su territorio para invadir Francia, por lo que Alemania ataca inmediatamente. Pero los alemanes no sabían que el ejército belga opondría una gran resistencia y, por ello, la invasión de Francia debe esperar y los Aliados tienen tiempo para acudir a la zona y enfrentarse a los alemanes. Con todo, no logran frenar al enemigo en Bélgica y tienen que replegarse en el Marne.

Por consiguiente, los alemanes se dirigen hacia París, pero el general Alexander von Kluck (1836-1934) decide avanzar hacia el este y la retaguardia de las tropas aliadas con el fin de rodearlas, y deja la capital francesa tras de sí. Joseph Gallieni, gobernador militar de París (1849-1916) se da cuenta de que el ejército enemigo expone su flanco en el suroeste y advierte enseguida a Joseph Joffre para convencerlo de que lo ataque por sorpresa. Entonces, este llama a la retirada ordenada y lanza una contraofensiva, conocida como la batalla del Marne (6-12 de septiembre de 1914). Para reforzar el ataque se envía a un gran número de soldados al campo de batalla, muchos de los cuales llegan en taxis parisinos requisados para la ocasión —y convertidos en un símbolo de unidad y de solidaridad nacional—. Esta victoria aliada hace fracasar el Plan Schlieffen y detiene el avance alemán.

Se forma progresivamente un frente que se estabiliza y se consolida durante los últimos meses de 1914. En ese momento, cada ejército campa sobre sus posiciones, se sitúa cara a cara y se entierra en una red de trincheras. Los dos ejércitos se enfrentan y refuerzan las líneas del frente para evitar que el otro pueda avanzar y para poder volver a lanzar un ataque lo antes posible. A partir de septiembre y octubre de 1914, la guerra de movimientos deja paso a una guerra de posiciones que se desarrolla a lo largo de un frente de casi setecientos cincuenta kilómetros. Este estancamiento hace que toda la sociedad se vea progresivamente movilizada para participar en el esfuerzo de guerra. Así, el conflicto mundial se convierte en una guerra total: su fin depende tanto del frente —los soldados— como de todo lo que hay detrás de la guerra —la mano de obra, las producciones industriales militares, etc.—, así como de la capacidad de los Estados para movilizar sus recursos internos y de esta forma apoyar a su ejército.

LOS ORÍGENES DE LA BATALLA DEL SOMME Y EL PESO DE LA BATALLA DE VERDÚN

El general Joseph Joffre quiere tomar ventaja con respecto a las tropas alemanas, por lo que decide preparar una gran ofensiva en el Somme, donde el frente se ha mantenido en una relativa calma en 1915. La elección de este emplazamiento se debe a la voluntad de Joseph Joffre de organizar un ataque conjunto con los británicos: el Somme representa la confluencia entre las tropas británicas al norte y las francesas al sur. Además, con el inicio de su ofensiva en Verdún (febrero de 1916), los alemanes no se esperan ser atacados en ese punto. El objetivo que persigue Joseph Joffre con la batalla de ruptura que quiere llevar a cabo es el mismo que el de la ofensiva alemana: romper el frente y volver a la guerra de movimientos.

¿SABÍAS QUE...?

Los alemanes dan comienzo a la batalla de Verdún el 21 de febrero de 1916. Su intención es romper el frente para acabar con la guerra de posiciones y regresar a la guerra de movimientos. Sin embargo, los franceses se mantienen apostados en sus trincheras y bloquean la ofensiva alemana, que se convierte en una batalla de desgaste que quiere agotar las reservas del enemigo. En mayo y junio, los alemanes empiezan a romper el frente —destaca la toma del fuerte de Vaux del 7 de junio— y la situación empeora para Francia. El estallido de la batalla del Somme en julio supone un respiro para las tropas francesas movilizadas en Verdún y les permite atacar a los alemanes donde menos se lo esperan. Por consiguiente, se frena el avance alemán en Verdún.

En agosto, gracias a que los alemanes reducen sus efectivos presentes en Verdún, los franceses se hacen con el control y recuperan los fuertes de Douaumont (24 de octubre) y de Vaux (2 de noviembre). Los combates duran diez meses y terminan con la victoria francesa en diciembre de 1916 gracias, sobre todo, a los generales Philippe Pétain (1856-1951) y Georges Robert Nivelle (1856-1924). Con todo, el precio es alto: los franceses lamentan la muerte o la desaparición de 146 000 hombres, frente a los 140 000 del bando alemán.

A principios de diciembre de 1915, Joseph Joffre se reúne con los británicos para proponerles su proyecto de ofensiva conjunta, y, aunque no fijan una fecha concreta, obtiene su acuerdo. Los rusos, por su parte, tienen que lanzar durante ese mismo período una gran ofensiva sobre el frente del este. Esta batalla se había planteado originalmente como una ofensiva francesa apoyada por los británicos, ya que el esfuerzo principal procedía del bando francés. En vista de los fracasos de las campañas de 1915, Joseph Joffre quiere realizar ataques sucesivos en intervalos breves dirigidos a objetivos concretos. Se trata de la táctica de una batalla de ruptura: series de operaciones cortas inscritas en acciones ofensivas largas e intensas para derrotar a las líneas enemigas.

No obstante, el 21 de febrero, los alemanes lanzan una

potente ofensiva sobre el frente francés de Verdún. Las tropas francesas escasean, por lo que este inesperado ataque impide que el generalísimo francés pueda llevar a cabo al mismo tiempo una batalla defensiva en Verdún y otra ofensiva en el Somme. Entonces, Ferdinand Foch se ve obligado a revisar el plan de ataque y modifica los objetivos de los británicos: ahora que la batalla de Verdún ha redoblado su intensidad y que cada vez se trasladan más tropas francesas del frente del Somme a Verdún, el principal esfuerzo debe recaer en los británicos, que cuentan con más tropas en la zona. Con este nuevo plan, Douglas Haig, comandante en jefe de las tropas británicas, se coloca oficiosamente bajo la dependencia de Joseph Joffre. De esta forma, la batalla del Somme está estrechamente ligada a la batalla de Verdún de principio a fin.

Soldados franceses abandonando su trinchera para atacar durante la batalla de Verdún.

JOSEPH JOFFRE, GENERALÍSIMO DEL EJÉRCITO FRANCÉS

Retrato de Joseph Joffre de 1915.

Joseph Joffre es el generalísimo del ejército francés desde 1911. Desde el momento en que asume el cargo, reorganiza el ejército desarrollando los aspectos logísticos y confiando en nuevas armas que aún no han demostrado su eficacia, como la aviación y la artillería pesada. También es el artífice del Plan XVII, que prevé una ofensiva contra Alemania en caso de guerra, una rápida movilización, un servicio militar de tres años y el establecimiento de una doctrina de ofensiva a ultranza con el fin de recuperar Alsacia y Lorena.

Cuando estalla la guerra y mientras que los alemanes aplican el Plan Schlieffen y atraviesan Bélgica, ordena el ataque de Alsacia y Lorena. Sin embargo, Joseph Joffre tiene que anunciar la retirada del ejército francés, incapaz de enfrentarse a un ejército alemán demasiado fuerte y debilitado tras la batalla de las fronteras (7-23 de agosto de 1914). Con todo, logra una victoria en la batalla del Marne gracias al uso de trenes y taxis parisinos requisados para transportar tropas. En 1915, el frente se estabiliza y Joffre desea pasar a la ofensiva con varios ataques dirigidos a romper el frente en Artois y en Champaña, en vano. El 2 de diciembre es nombrado comandante en jefe de todos los ejércitos franceses, lo que lo convierte en el jefe de la coalición.

En diciembre de 1915 anuncia que es necesario atacar en el Somme y le propone el proyecto a los británicos, que lo aceptan. La elaboración del plan de batalla se le confía al general Ferdinand Foch. Sin embargo, la ofensiva se revela un fracaso y Joffre es destituido a finales de diciembre de 1916 y nombrado inmediatamente después mariscal de Francia. El general Georges Robert Nivelle lo reemplaza al frente de los ejércitos.

En abril y mayo de 1917, tras la entrada en guerra de los Estados Unidos, recupera un papel activo como consejero militar de la misión Viviani, cuyo objetivo es determinar las grandes líneas de cooperación militar entre las fuerzas aliadas y las estadounidenses. Tras su regreso, el 14 de febrero de 1918, Joseph Joffre es elegido a la Academia francesa y, a partir de 1920, se le confían varias misiones conmemorativas en Europa y diplomáticas en los Estados Unidos y en Extremo Oriente. Regresa a Francia en 1922 y se retira a Louveciennes (al oeste de París), donde escribe sus memorias. Fallece en 1931 y se organiza un funeral de Estado en su honor.

FERDINAND FOCH, GENERAL FRANCÉS

Retrato de Ferdinand Foch.

Ferdinand Foch es un general del ejército francés. Tras trabajar en la Escuela de Guerra a principios del siglo XX, recibe varios cargos. Cuando estalla la guerra, ataca con el 2.º Ejército en Lorena. El 4 de octubre, Joseph Joffre lo nombra adjunto al general en jefe y le encarga la coordinación de las acciones francesas y aliadas del Oise hasta el mar. Así, se convierte en comandante en jefe de los ejércitos del norte. En 1915, coordina los ataques aliados en Artois (9 de mayo-25 de septiembre). Al igual que Joseph Joffre, es partidario de grandes ofensivas destinadas a romper el frente alemán. Por este motivo, en diciembre, este último deja en sus manos la elaboración del plan de la batalla del Somme. Para lograr sus objetivos, busca un ataque permanente sobre un amplio frente al tiempo que procura limitar los ataques intensos sobre la zona preparada por la artillería.

Tras la batalla, conserva su título de comandante en jefe de los ejércitos pero es apartado del mando como consecuencia de las numerosas críticas recibidas por parte de sus subordinados y del Gran Cuartel General. Tras algunas misiones secundarias es enviado a Italia a finales de 1917 para dirigir al cuerpo expedicionario franco-británico. A principios de 1918, los Aliados eligen a Ferdinand Foch generalísimo, el jefe supremo de las tropas aliadas. Entonces se convierte en mariscal de Francia y, tras el armisticio, es nombrado mariscal del Reino Unido y entra en la Academia francesa. En 1919, asume durante un año el cargo de presidente del Consejo Superior de Guerra. Fallece en 1929, se le despide con un funeral de Estado y es enterrado en la iglesia de los Inválidos en París.

DOUGLAS HAIG, GENERAL BRITÁNICO

Retrato de Douglas Haig.

Douglas Haig es un general británico en activo durante la Primera Guerra Mundial. Tras una carrera militar en el Imperio británico, se convierte en director de entrenamientos en la Oficina de Guerra (War Office), cuya misión es reformar el ejército. Presiente la inminencia de una larga guerra, por lo que prepara un cuerpo expedicionario de 100 000 hombres listos para intervenir en Europa. Gracias a sus meticulosos preparativos, vive una fulgurante carrera desde la entrada en guerra: se convierte en jefe del cuerpo del ejército en agosto de 1914 y, un año más tarde, en comandante del 1.er Ejército. A continuación, reemplaza al general John Denton Pinkstone French (1852-1925) como comandante en jefe de las fuerzas británicas en Francia el 19 de diciembre de 1915 —puesto que ocupa hasta el final de la guerra—.

Se pone al mando de los tres ejércitos británicos que participan en la batalla del Somme y sigue las grandes líneas de las directrices francesas. Sin embargo, no escucha a Joseph Joffre cuando decide declarar el fin de los combates para los soldados británicos en el sector del Somme el 21 de noviembre. Gracias a este éxito parcial, el 1 de enero de 1917 es nombrado mariscal de campo, y dirige la batalla de Ypres (31 de julio-6 de noviembre de 1917) en Bélgica.

Después de 1918 participa en Francia en la limpieza de los campos de batalla y en las primeras operaciones de reconstrucción. Un año más tarde, se convierte en comandante en jefe de las fuerzas internas británicas, antes de retirarse en 1920 para dedicarse a glorificar a antiguos combatientes por todo el Imperio británico. Fallece en Londres en 1928.

MAX VON GALLWITZ, GENERAL ALEMÁN

Retrato de Max von Gallwitz.

Max von Gallwitz es un general alemán que participa en la Primera Guerra Mundial. Durante el conflicto, dirige los frentes del este y del oeste y, durante la invasión en

1914, participa en varias acciones en Bélgica. A partir de septiembre de ese año es destinado al frente del este para enfrentarse a los rusos, y participa en la batalla de Varsovia (17 de agosto-14 de septiembre de 1915).

A principios de 1916 es transferido al frente del oeste, donde participa en la batalla de Verdún antes de hacerse con el mando del 2.º Ejército en el Somme en julio para combatir la ofensiva aliada. Para contrarrestar el ataque y defender la zona, el 16 de julio recibe el mando del llamado Grupo de Ejércitos de Gallwitz. Su objetivo es reforzar las posiciones alemanas y aguantar en el frente sin ceder ante los Aliados.

Tras la batalla del Somme es enviado a Verdún en diciembre de 1916, donde debe restablecer la situación tras la victoria francesa. Dirige al grupo del oeste hasta 1918. Los días 12 y 13 de septiembre lucha en la batalla de Saint Mihiel contra el general John Joseph Pershing (general estadounidense, 1860-1948) y contra las primeras tropas estadounidenses llegadas a la zona. A continuación, del 26 de septiembre al 11 de noviembre, debe enfrentarse a las tropas franco-esta-dounidenses durante la última ofensiva de la guerra, la del Meuse-Argonne, de la que sale perdedor. Esta derrota con-duce enseguida a la firma del armisticio. Max von Gallwitz abandona el ejército en diciembre de 1918 y, tras trabajar como diputado en los años 20, fallece en 1937 en Nápoles.

ANÁLISIS DE LA BATALLA

LOS PREPARATIVOS DE LA OFENSIVA ALIADA

El frente del Somme se encuentra en el norte de Francia, en una meseta de la Picardía y a ambas orillas del río que la atraviesa. Los principales objetivos de la batalla son, además de romper las líneas alemanas, que los británicos recuperen Bapaume, situado al norte del campo de batalla, y los franceses Péronne, al sur. Así, el campo de batalla forma un triángulo entre estas dos ciudades al este —lado alemán—, y Albert, que se encuentra al oeste —lado británico—. La mayor parte de las colinas y los promontorios están ocupados por los alemanes y el terreno constituye una red relativamente estrecha de pueblos que se encuentran a unos tres kilómetros de distancia entre sí.

Finalmente se establece la fecha del ataque: el 29 de junio de 1916. Debe desarrollarse a lo largo de un frente de cuarenta kilómetros que van desde Gommecourt, al norte, hasta Chilly, al sur. Los británicos ocupan el norte del campo de batalla y tienen que atacar sobre un frente de veinticinco kilómetros, mientras que los franceses, al sur, disponen de un frente de quince kilómetros. Esto demuestra por qué, desde el ataque de Verdún, el principal esfuerzo debe venir del lado británico. La unión de ambos ejércitos debe tener lugar cerca del pueblo de Maricourt.

En la víspera del ataque, los británicos alinean veintiséis divisiones de infantería y tres de caballería, repartidas en tres ejércitos, así como una artillería pesada y de campaña.

Los franceses disponen de dieciocho divisiones (en lugar de las cuarenta y dos inicialmente previstas) y cuatro de caballería, además de una artillería más potente que la de los británicos. Por su parte, el ejército alemán solo puede colocar ocho divisiones (cinco al norte y tres al sur del frente), pero cuenta con trece de reserva. En lo que a su artillería se refiere, solo posee un tercio de la potencia de fuego aliada. Durante la batalla, los alemanes recibirán algunas divisiones de refuerzo procedentes del frente de Verdún. No obstante, cuentan con una fuerte defensa, consolidada y fortificada desde el mes de octubre de 1914:

- las dos primeras posiciones alemanas, separadas por unos cinco kilómetros, están formadas por varias líneas de trincheras protegidas por alambradas;
- en la retaguardia, la tercera posición también está bien defendida;
- todo el terreno está ocupado. Los pueblos y los bosques están fortificados, las canteras sirven para cobijarse y hay refugios de ametralladoras construidos con hormigón diseminados por todo el frente. Además, en las trincheras se han construido refugios de hormigón de hasta doce metros de profundidad que permiten que los soldados puedan protegerse de los bombardeos, por muy potentes que sean. Los Aliados lo ignoran.

miento a voluntarios. En esa época, en Gran Bretaña no existía el servicio militar —que no será obligatorio hasta el 4 de mayo de 1916— y el Estado solo disponía de un pequeño ejército de unos 150 000 soldados. Por ello, cuando estalla la guerra, los efectivos no son muchos, y se lanza un llamamiento a voluntarios que permite reunir a tres millones de hombres en 1915. Pero el ejército no dispone de suficiente material ni de oficiales formados y experimentados capaces de entrenar a estos jóvenes soldados, que siguen careciendo de experiencia ante las aguerridas tropas alemanas. De hecho, los alemanes lo llaman «ejército de aficionados» y «pequeño y patético ejército inglés» y lo aplastan en los primeros días de la batalla del Somme.

La preparación de la artillería comienza el 24 de junio y dura cinco días: se abre un fuego intenso sobre las líneas alemanas, que parecen devastadas y abandonadas. Este bombardeo general se prolonga dos días ya que, el día 29, el mal tiempo impide lanzar la ofensiva, aplazada hasta el 1 de julio de 1916.

DE LA BATALLA DE RUPTURA A LA BATALLA DE DESGASTE: UNA FLUCTUACIÓN ENTRE DOS ESTRATEGIAS

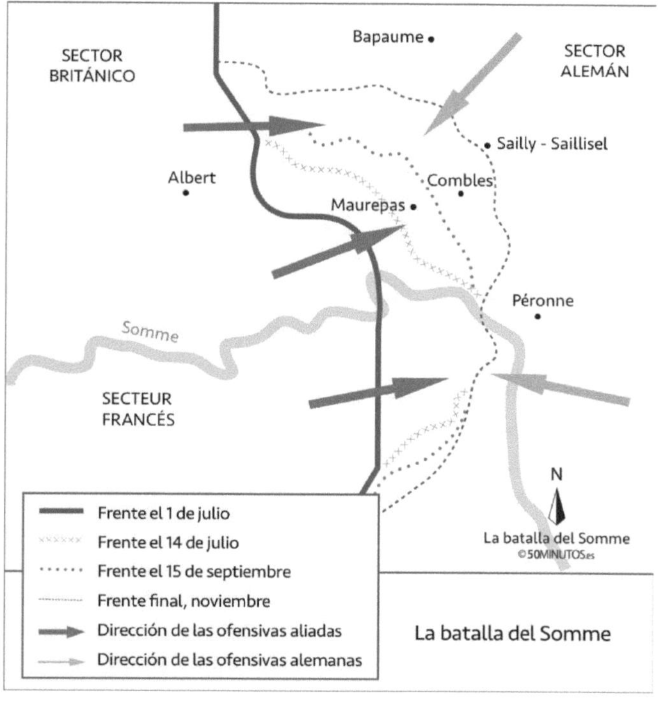

El 1 de julio, se realizan ataques espaciados, a las 7:30 en el norte y a las 9:30 en el sur, con el fin de conservar un doble efecto sorpresa: ha comenzado la «gran ofensiva» (Big Push en inglés), que coge a los alemanes desprevenidos, puesto que están convencidos de que se trata de un ataque de diversión —el mando alemán cree que los Aliados atacarán en Artois o en Alsacia—. Por ello, su defensa general no tarda en flaquear. Sin embargo, a mediados de julio, el Estado Mayor exalta a las tropas, que se reorganizan, y se da la orden de aguantar hasta la muerte sin abandonar el terreno.

Cuando lanzan el ataque, los Aliados están convencidos de su victoria gracias a los violentos bombardeos que lo preceden; sin embargo, poco a poco, el optimismo desaparece y abre paso al trauma que marcará a los soldados durante el resto de la batalla. Los alemanes que se encuentran en primera línea se han enterado de los preparativos británicos y salen de sus refugios para instalar discretamente metralletas en los cráteres de los obuses, lo que les permite abatir a los británicos en masa en cuanto se ponen a la vista. Mientras que los franceses se hacen con los primeros emplazamientos alemanes, los británicos fracasan en su frente. Pero la batalla de ruptura se estanca enseguida y deja paso a un apoderamiento progresivo de la línea del frente, que se asemeja a una batalla de desgaste como la que los alemanes infligen a los Aliados en Verdún. Además de algunas acciones puntuales que generan pocos resultados y muchas pérdidas, se lanzan ataques generales conjuntos en varias ocasiones para reactivar la batalla y romper el frente alemán.

A finales de julio, los Aliados progresan poco, pero provocan muchas pérdidas humanas y materiales al enemigo. Los franceses penetran por el sur y los británicos por el norte, pero los ataques conjuntos del 1 y del 14 de julio, que constituyen la única manera de lograr un avance, se saldan en sendas derrotas. La situación pide a gritos un cambio estratégico, por lo que Joseph Joffre ordena ataques conjuntos en un amplio frente.

El mes de agosto es más tranquilo: no se lanza ningún ataque general y, tras el desastre de julio, los británicos prefieren aplazar todos sus ataques para septiembre. Sin embargo, los franceses consiguen tomar Maurepas (Picardía).

Los días 3, 15 y 25 de septiembre se lanza un nuevo asalto general en tres fases que permite a los franceses tomar Combles y avanzar hasta Sailly-Saillisel y hasta el bosque de Saint-Pierre-Vaast, sin conseguir avanzar más hasta el final de la batalla. Por su parte, los británicos toman Thiepval, que resiste desde julio. El avance aliado es más fuerte en septiembre, y se debe sobre todo al uso de una nueva arma en la toma de Flers del 15 de septiembre: el tanque de guerra blindado.

Fotografía de un tanque de guerra que se dirige a la ciudad de Flers.

¿SABÍAS QUE...?

Los tanques de guerra o carros de combate se emplean por primera vez de forma masiva durante la batalla del Somme. Se desarrollan bajo las órdenes de Winston Leonard Spencer Churchill (estadista británico, 1874-1965), que lanza las investigaciones en 1915 a partir del tractor oruga Caterpillar. Después de algunas pruebas concluyentes se hace un pedido de cien tanques. Estos vehículos blindados presentan varias ventajas:

- pueden atravesar alambradas de púas y trincheras;
- tienen una potencia de fuego que permite atacar puntos fortificados sin dejar de estar protegidos;

- garantizan una brecha en el frente por la que puede penetrar la infantería.

Sin embargo, su débil blindaje y su baja velocidad (6 km/h) hace que sean vulnerables; además, debido al ruido que hace su motor, se trata de un vehículo poco discreto, y una posible confiscación por parte de los alemanes podría revelarles los secretos de fabricación. De hecho, se construyeron en un gran secretismo y los ingleses eligieron el término «tank» (que significa «depósito») para ocultar su verdadera naturaleza a los alemanes. El 15 de septiembre entran en combate y, para evitar que la artillería alemana los vea y mantener el efecto sorpresa, los tanques avanzan por la noche, mientras el estruendo de los bombardeos y de los aviones disimula el ruido de su motor. En 1916, permiten salvar vidas y desestabilizar al adversario.

A pesar de algún éxito aislado, no se realiza ningún avance significativo durante los meses de octubre y de noviembre, sobre todo debido al mal tiempo y a los duros contraataques de los alemanes.

UNAS DEPLORABLES CONDICIONES DE VIDA Y DE COMBATE

Traslado de un soldado británico herido.

Las condiciones de vida y combate de los soldados aliados y alemanes son terribles durante prácticamente toda la batalla. El infierno de las trincheras nunca ha sido tan intenso como en la batalla del Somme, sobre todo por culpa de las pésimas condiciones climáticas. En efecto, el tiempo cambia a partir del 4 de julio y durante casi todo el verano el frente sufre lluvia, niebla, tempestades y tormentas. Las tropas se entierran poco a poco en un terreno arcilloso que las fuertes precipitaciones transforman en un lodazal espeso y profundo. La niebla impide realizar las observaciones aéreas y los ajustes de la artillería. Los obuses se hunden en el suelo, por lo que destruir las trincheras enemigas resulta cada vez más complicado; además, tras cuatro meses de intensos bombardeos, los cañones se gastan y pierden precisión. Y, para colmo, en noviembre caen las primeras nevadas y el frío es tal que a los poilus (es decir, los «peludos», nombre con el que se conoce a los soldados rasos franceses de la Primera Guerra Mundial) se les congelan los pies.

Cuadro que representa una escena de la batalla del Somme, en noviembre de 1916.

Pasan los días, y el terreno se transforma en un lodazal que hace que los caminos sean prácticamente intransitables y dificulta los relevos. La mayor parte de las carreteras del frente están bloqueadas por camiones abandonados atascados en el fango, lo que conlleva el retraso del avituallamiento. Para ir de una trinchera a otra, los soldados deben salir de las mismas pero, aunque se ponen a la vista del enemigo, este sufre su mismo calvario y no abre fuego. En estas condiciones, transportar a los heridos e incluso su supervivencia es toda una hazaña.

El campo de batalla está impracticable, pero la situación en las trincheras no es mucho mejor: los soldados se quedan atrapados en noventa centímetros de barro y agua, y los muros se derrumban. El capote de los soldados pesa entre quince y veinticinco kilos más por culpa del lodo, y caminar es difícil. Algunos se quedan atrapados en el lodazal y, mientras que unos consiguen salir ayudándose de cuerdas, otros se ahogan. Además, la larga duración de la batalla y los contraataques franceses de Verdún no permiten garantizar unos relevos regulares. Los muertos son tan numerosos en esta tierra de nadie que es imposible enterrarlos a todos.

En estas condiciones, seguir adelante con la batalla depende más del deseo de evitar que las tropas caigan en la inacción que de una búsqueda de eficacia. A partir de finales de octubre, como indica el soldado francés Pierre Petit, «la guerra se estanca» y «se siente el desaliento» de las tropas; «el famoso gran día se aleja»[1] (Petit 1989-1999). La batalla del Somme se ha convertido en una auténtica pesadilla para ambos bandos.

---

1. Todas las citas han sido traducidas por 50Minutos.es

CINCO MESES DE COMBATES COSTOSOS E INFRUCTUOSOS PARA LOGRAR UNOS BENEFICIOS MÍNIMOS

El 19 de noviembre de 1916 y tras cinco meses de intensos combates, la batalla del Somme finaliza para los británicos. Sin embargo, los franceses ven cómo la situación empeora y continúan combatiendo hasta el 18 de diciembre, cuando Joseph Joffre renuncia a las operaciones.

La ofensiva no se ha desarrollado como los Aliados esperaban: no se ha podido recuperar ni Bapaume ni Péronne. Sin embargo, el frente se ha desplazado ligeramente: en el punto más lejano, el de Sailly-Saillisel, se ha conseguido avanzar doce kilómetros. No obstante, se pasa de un frente rectilíneo el 1 de julio a uno curvo mucho más difícil de defender.

En cinco meses se convierte en una de las batallas más mortíferas de la Primera Guerra Mundial. Los Aliados solo avanzan unos pocos kilómetros y lo pagan caro: de los 622 221 hombres que quedan fuera de combate (entre heridos, muertos y desaparecidos), se contabilizan:

- 419 654 británicos, entre los que hay 206 282 muertos o desaparecidos;
- 202 567 franceses, entre los que hay 66 688 muertos o desaparecidos.

Los alemanes, por su parte, pierden a 437 322 hombres. La media de bajas diarias es de 2976 británicos, 1437 franceses y 3100 alemanes.

Sin embargo, el día en el que más hombres pierden la vida en la historia británica es el 1 de julio de 1916, cuando comienza la batalla: es el Black Saturday, que ve caer en solo seis minutos a 30 000 soldados británicos. Al anochecer, la cifra asciende a 60 000 soldados, 20 000 de los cuales han muerto. Los británicos están conmocionados.

Son varios los motivos que explican las importantes pérdidas que sufren los Aliados:

- tras reponerse, los alemanes tienen una nueva táctica para no perder más terreno: dejar a sus hombres en las trincheras con armas automáticas y escondiendo metralletas y fusiles de francotirador en los trigales. Esta estrategia sorprende a los Aliados y rompe las oleadas de ataques;
- la ausencia de comunicación entre la retaguardia y las líneas más avanzadas. A veces, los Estados Mayores no saben cómo se desarrolla la batalla hasta horas más tarde, lo que, por ejemplo, les lleva a creer que están dirigiendo unidades que, en realidad, han sido aplastadas en cuestión de minutos;
- a medida que las tropas avanzan, se dibuja un nuevo frente lleno de entrantes y salientes, lo que no facilita ni la preparación y destrucción de la artillería ni los ataques generales. Por consiguiente, las ofensivas son cada vez más sangrientas;
- en innumerables ocasiones, el mal tiempo bloquea a las tropas aliadas en pleno ataque y hace que se pierdan en tierra de nadie;

- además, los Aliados no han previsto un apoyo sanitario adaptado a un desastre de estas dimensiones. La mayoría de los heridos mueren antes de ser trasladados, a veces tras pasar varios días agonizando.

Pero estos elementos no bastan para explicar la hecatombe británica acontecida el 1 de julio. Cuando se ordena el ataque ese día, los soldados ingleses avanzan siguiendo las órdenes de sus oficiales. Los alemanes, en un primer momento sorprendidos, solo tienen que disparar a discreción y ver cómo centenares de británicos caen. Lo cierto es que esta marea humana británica habría podido ganar a los soldados alemanes, que estaban a punto de rendirse. Sin embargo, la mayoría de los alemanes se quedan apostados en sus trincheras para disparar a discreción cuando ven cómo el enemigo avanza y en solo unos segundos pierde a muchos hombres. Los motivos que explican la lentitud de los británicos a la hora de atacar son varios:

- tras el impresionante trabajo de preparación de la artillería, el ejército inglés está convencido de que se ha acabado con toda defensa alemana. Sin embargo, desconoce que los alemanes están bien protegidos en refugios subterráneos, de los que surgirán completamente indemnes tras los bombardeos;
- la preparación de la artillería no ha cumplido su papel. Ha cubierto una superficie demasiado amplia con demasiados objetivos. Además, los cañones ingleses no solo están obsoletos e inadaptados, sino que además son insuficientes.
- en esta carnicería también desempeña un importante

papel la debilidad del ejército de voluntarios, compuesto por hombres poco cualificados, y la incompetencia de los Estados Mayores, que son incapaces de maniobrar y de comunicarse con sus soldados.

REPERCUSIONES DE LA BATALLA

EL FRACASO DE LA BATALLA DE RUPTURA: UNA ESTRATEGIA INÚTIL...

La batalla del Somme se presenta como un intento de ruptura elaborado sin ingenio y sin una estrategia novedosa. Además, está prácticamente condenada al fracaso ya antes de comenzar por culpa de la batalla de Verdún. Esta tiene lugar cuando la del Somme está en plena elaboración y consume todas las energías francesas, que deberían volcarse en el Somme. Por consiguiente, Verdún hace que las ambiciones puestas en esta batalla se evaporen. Como subraya el historiador francés Alain Denizot, «la batalla del Somme pierde su alma [incluso] antes de comenzar» (Denizot 2002). De hecho, solo se llevará a cabo gracias al empeño de Joseph Joffre. Por otra parte, las tensiones entre este y Douglas Haig aumentan a lo largo de la batalla y llevan a los Aliados a distanciarse de su estrategia inicial, ya que los británicos se contentan con realizar acciones cada vez más puntuales. Los Aliados, que buscaban una batalla de ruptura, se ven enseguida atrapados en una batalla de desgaste que los agota tanto como a los alemanes. A partir de mediados de julio y de manera irregular, la batalla del Somme se debilita hasta noviembre. Las potentes pero vanas ofensivas de ruptura de 1916 conllevan el estancamiento del enfrentamiento, que se convierte en una verdadera masacre.

La estrategia de Joseph Joffre ha sido muy criticada, sobre todo por Marie Émile Fayolle, general francés del 6.º Ejército (1852-1928), que declara que «no se sabe cómo llevar a cabo una operación. Además, la batalla con la que sueña [Joffre] no tiene sentido» (Fayolle, 1964). Los franceses también critican la lentitud británica desde el 1 de julio: estos últimos reducen constantemente su línea del frente, lo que limita los efectos de la conquista de terreno, y retrasan los ataques, lo que se considera una de las causas del fracaso de los Aliados en la batalla. Para los franceses, la batalla del Somme muere en el frente británico desde el mes de agosto, y los combates se limitan a pequeños ataques independientes con los que no se suele avanzar.

El resultado son paisajes grotescos y pueblos devastados. Por ejemplo, en Maurepas —recuperado en agosto—, una tropa le pregunta a un oficial por el pueblo, y este responde «¿Maurepas? Es esto, ya estamos aquí» (Fonsagrive 1919). Pero ese «aquí» no es más que un montón de ladrillos y de piedras que apenas se levantan unos centímetros del suelo. En Combles, la preparación de la artillería arrasa buena parte del pueblo: el soldado alemán Ernest Jünger (1895-1998) cuenta que «la artillería pesada había transformado una apacible ciudad de paso en un horroroso espectáculo. Un solo obús había derruido casas enteras» (Jünger 1981). Tras la batalla, solo restos de paredes aún en pie en medio de la desolación indican que ahí hubo vida.

Por ello, debido a las pérdidas y a sus escasos resultados, la batalla del Somme es el símbolo de la infructuosa pero costosa ofensiva de la Primera Guerra Mundial, y no cambia el curso de la guerra. Las sucesivas fases de ataque se estancan en el lodo y, aunque el balance parece más positivo que negativo, es menos espectacular que el de Verdún, puesto que se aleja de los objetivos iniciales.

... QUE LE DARÁ UNA LIGERA VENTAJA A LOS ALIADOS

A pesar de que el resultado de la batalla es incierto, los Aliados consiguen una ligera ventaja sobre los alemanes: los británicos, principales artífices del ataque aliado, ven cómo su ejército se hace más poderoso. Los cinco meses de combate les han enseñado muchas cosas, y el «pequeño y patético ejército inglés» de 1914 se convierte en un ejército valiente comparable a las tropas francesas y alemanas. A partir de septiembre, la moral de los soldados mejora. Además, el alto mando inglés aprende de los fracasos de los primeros ataques y, desde septiembre, se niega a atacar si no está preparado.

Los alemanes, por su parte, han sufrido mucho durante esta batalla. No esperaban ser atacados en este frente, por lo que la situación enseguida es crítica: aparte de algunos éxitos localizados, a partir del 1 de julio se ven desbordados por las acciones enemigas. Aunque resisten con valentía, el desánimo crece en sus filas a medida que se pierden más y más vidas. El desgaste físico y moral es grande, tanto que los soldados solo son capaces de estar unos días en el frente antes de ser relevados. Con la batalla del Somme, los alemanes adoptan una postura defensiva y se dan cuenta de que no pueden dar por hecho la victoria. El capitán Otto von Henting lo confirma: «el Somme es la tumba embarrada del ejército alemán y de la confianza en la infalibilidad de la primacía alemana» (Denizot 2002). A pesar de su valiente resistencia, el ejército alemán sufre un efecto psicológico negativo, y los soldados padecen una crisis moral. Al final estos solo resisten en el Somme gracias a la constante llegada de refuerzos procedentes principalmente de Verdún —aunque esto suponga ser derrotados en este frente—. En febrero de 1917, los alemanes proceden a una retirada estratégica de sesenta kilómetros y se refugian tras la línea Hindenburg.

¿SABÍAS QUE...?

La línea Hindenburg es un sistema defensivo fortificado alemán de ciento sesenta kilómetros de largo y diez de profundidad situado en el noreste de Francia —entre Lens y Soissons— y construido durante el invierno de 1916-1917. Las numerosas dificultades que sufren los alemanes durante la batalla del Somme les llevan a construir esta línea. Al retirarse tras ella —y devastar todo el territorio para impedir que los Aliados puedan instalarse en él fácilmente—, los alemanes reducen su línea de defensa y por consiguiente aumentan su capacidad defensiva. Aunque se considera inexpugnable, acaba por caer en septiembre de 1918 durante la llamada batalla de la línea Hindenburg.

Además, aunque los objetivos iniciales de la batalla no se logran (Bapaume y Péronne), sí se consiguen algunos éxitos: se despeja el frente de Verdún y la batalla da un vuelco. Aunque la batalla del Somme estalla cuando la situación en el frente de Verdún es crítica, permite despejarlo y le asegura a los franceses la victoria a finales de 1916, en la misma época en que la batalla del Somme se estanca —en octubre y noviembre—. A partir de julio, los alemanes se retiran de Verdún en beneficio del Somme, reduciendo así la presión en la zona.

En lo que se refiere al armamento, la batalla del Somme demuestra que los tanques de guerra son útiles tanto para conquistar posiciones como para proteger los ataques de la infantería. No obstante, los modelos de 1916 tienen puntos débiles que es conveniente mejorar, como su alto consumo de aceite y de gasolina. Los británicos se esfuerzan por aumentar su velocidad, su blindaje y su manejabilidad, además de formar mejor a la tripulación y procurarles una manuntención. Además, también es necesario concebir una táctica que permita unir los tanques con la infantería durante los ataques. Sin embargo, en 1916, el Estado Mayor les ofrece un papel secundario. Con todo, Douglas Haig reclama la fabricación de varios miles de vehículos blindados, ya que considera que su uso en masa puede cambiar la suerte de una batalla al tiempo que reduce las pérdidas humanas.

UN LUGAR DE MEMORIA HISTÓRICA PARA LOS BRITÁNICOS Y LOS ALEMANES, UNA BATALLA OLVIDADA PARA LOS FRANCESES

Los franceses cuentan con escasos lugares de conmemoración de la batalla del Somme, lo que demuestra que Verdún la ha hecho caer en el olvido. De hecho, la única importante victoria francesa tiene lugar a principios de julio; después solo hay acciones de avance y retroceso en el frente. Por lo tanto, no encontramos aquí el símbolo francés, sobre todo teniendo en cuenta que, al mismo tiempo, los poilus sufren en las trincheras de Verdún. Además, la rápida reconstrucción de los pueblos y de los campos destruidos, al contrario de lo sucedido en Verdún, demuestra la voluntad de olvidar esta batalla.

En realidad, se trata más bien de un símbolo para los británicos —es su primera gran batalla de la guerra— y para los alemanes —que se defienden y sufren—. En vista de las pérdidas sufridas, el 1 de julio se convierte para los británicos en el Memorial Day. De hecho, a ellos le debemos la construcción en 1932 del monumento a los desaparecidos de Thiepval, que sirve de homenaje a todos los caídos. Además, los alemanes sufren mucho por primera vez desde 1914, lo que hace que esta batalla simbolice un cambio de dirección: finalmente, los Aliados se hacen con la ventaja. El infierno que viven ambas naciones y las pérdidas que sufren justifica que hayan convertido esta batalla en un símbolo.

EN RESUMEN

1915

Dic.: elaboración de una contraofensiva francesa

1916

21 feb.: inicio de la batalla de Verdún

1 jul.: inicio de la batalla del Somme

15 sept.: se emplea por primera vez el tanque de guerra blindado

18 nov.: fin de la batalla del Somme

19 dic.: fin de la batalla de Verdún

1917

Feb.: repliegue de los alemanes tras la línea Hindenburg

- Tras la guerra de 1870, el canciller alemán Otto von Bismarck quiere aislar a Francia en el plano internacional. Para lograrlo, la anima a lanzarse a la aventura colonial —esperando secretamente que nazca un conflicto duradero con Gran Bretaña—, y crea la Triple Alianza con Austria-Hungría e Italia en 1882.

- Francia logra acercarse primero a Rusia con la firma de una entente franco-rusa en 1893 y, a continuación, a Gran Bretaña por medio de la Entente Cordiale de 1904. En 1907, los tres países forman la Triple Entente.

- En 1914, tras el asesinato del archiduque Francisco

Fernando de Habsburgo en Sarajevo el 28 de junio, la tensión es cada vez mayor, y muchos países decretan la movilización general. El juego de alianzas internacionales se transforma en una trampa en la que los Estados quedan atrapados en julio y agosto de 1914. Enseguida, se pierde el control de la situación y las naciones se precipitan a la guerra.

- El 4 de agosto de 1914, Alemania comienza las hostilidades con la invasión de Bélgica, que resiste y retrasa el avance alemán. Los Aliados, derrotados, se repliegan en el Marne y lanzan una gran ofensiva que frena definitivamente a los alemanes. El frente se estabiliza a lo largo de setecientos cincuenta kilómetros, y la guerra de movimientos deja paso a una guerra de posiciones que lleva a toda la sociedad a la guerra total.

- En 1915, el general Joseph Joffre prepara una gran ofensiva conjunta con los británicos en el Somme, punto de unión entre el ejército francés y el británico. Está prevista para 1916, pero lo que debía ser una ofensiva francesa apoyada por los británicos acaba ocurriendo a la inversa: los alemanes inician la batalla de Verdún y las fuerzas francesas se encuentran concentradas en este sector, por lo que el esfuerzo principal debe venir de la parte de los británicos. Sin embargo, la estrategia y los objetivos siguen siendo los mismos: lanzar ataques repetidos en cortos intervalos y con objetivos limitados para hundir progresivamente al enemigo.

- El ataque, apodado Big Push, debe tener lugar el 1 de julio de 1916: los Aliados preparan cuarenta y cuatro divisiones contra las ocho alemanas, además de trece en reserva y sin contar con las que llegan del frente de Verdún durante la batalla. Pero los alemanes han consolidado considerablemente sus líneas en tres posiciones y se resguardan en robustos refugios subterráneos que los protegen de los bombardeos de los Aliados. El 1 de julio, los alemanes se llevan una gran sorpresa, aunque se recuperan enseguida. Entonces, el optimismo de los Aliados, que estaban seguros de su victoria, da paso a un trauma que persigue a los soldados durante toda la batalla.

- A partir de julio, la batalla de ruptura se estanca y se convierte en una batalla de desgaste: los esperados avances no llegan nunca y los alemanes sufren pero consiguen resistir. Los Aliados se estancan en agosto y los ataques se posponen hasta septiembre. En octubre y en noviembre tampoco se realizan avances significativos. El empeoramiento de las condiciones climáticas de julio a diciembre hace que las condiciones de vida de los soldados sean terribles, y su moral se desmorona. En la batalla del Somme, el infierno de las trincheras alcanza su punto álgido.

- La batalla del Somme termina el 18 de noviembre de 1916 tras cinco meses de intensos combates: a pesar de un avance de doce kilómetros, la gran penetración en el frente que deseaba Joseph Joffre es un fracaso. Los dos bandos sufren grandes pérdidas; además, la región queda devastada: el paisaje ha sido asolado y los pueblos, arrasados.

- La batalla del Somme simboliza el fracaso de la batalla de ruptura aliada: la estrategia de Joseph Joffre es objeto de muchas críticas y la tensión entre los Aliados no para de crecer. No obstante, estos últimos logran una ligera ventaja: el golpe infligido en la moral de las tropas alemanas es importante y, por primera vez, estas últimas están a la defensiva y son conscientes de que puede que no se lleven la victoria. Además, la batalla del Somme permite lograr la victoria en Verdún, ya que los alemanes se ven obligados a reducir su presión en esta zona.

- En el plano estratégico, los alemanes se retiran definitivamente del frente del Somme en febrero de 1917 y se repliegan tras la línea fortificada Hindenburg, que caerá en septiembre de 1918.

- Hoy en día, los franceses cuentan con escasos lugares de conmemoración de la batalla del Somme, lo que demuestra que Verdún la ha hecho caer en el olvido. Sin embargo, constituye un símbolo de sufrimiento y de trauma para los británicos y los alemanes, y está mucho más presente en el recuerdo de estos dos pueblos.

¡Tu opinión nos interesa!
¡Deja un comentario en la página web de tu librería en línea,
y comparte tus favoritos en las redes sociales!

PARA IR MÁS ALLÁ

FUENTES BIBLIOGRÁFICAS

- Audoin-Rouzeau, Stéphane y Annette Becker. 1998. *La Grande Guerre (1914-1918)*. París: Gallimard.
- Audoin-Rouzeau, Stéphane y Jean-Jacques Becker. 2004. *Encyclopédie de la Grande Guerre. 1914-1918*. París: Bayard.
- Audoin-Rouzeau, Stéphane, Jean-Jacques Becker, Pierre Miquel y Michel Winock. 2007. *14-18: Mourir pour la patrie*. París: Points.
- Becker, Jean-Jacques. 2003. *La Première Guerre mondiale*. París: Belin.
- Buffetaut, Yves. 2005. *Atlas de la Première Guerre mondiale. 1914-1918, la chute des empires européens*. París: Autrement.
- Cochet, François y Rémy Porte. 2008. *Dictionnaire de la Grande Guerre 1914-1918*. París: Robert Laffont.
- Denizot, Alain. 2002. *La bataille de la Somme. Juillet-novembre 1916*. París: Perrin.
- Duhamel, Georges. 2005. *Vie des martyrs et autres récits des temps de guerre*. París: Omnibus.
- Fayolle, Marie Émile. 1964. *Cahiers secrets de la Grande Guerre*. París: Plon.
- Jünger, Ernst. 1981. *Orages d'acier*. París: Bourgois.
- Keegan, John. 2003. *La Première Guerre mondiale*. París: Perrin.
- Teniente Fonsagrive. 1919. *En batterie*. París: Delagrave.
- Leymarie, Michel. 1999. *De la Belle Époque à la Grande Guerre. 1893-1918*. París: Le Livre de Poche.
- Petit, Pierre. 1989-1999. *Souvenirs de guerre*. Nanterre:

Académie européenne du Livre.

- Prior, Robin y Trevor Wilson. 2001. *La Première Guerre mondiale. 1914-1918*. París: Autrement.

FUENTES COMPLEMENTARIAS

- Abadie, Maurice. 1933. *Flaucourt ou la percée des lignes allemandes en juillet 1916 au sud de la Somme*. París: Berger-Levrault.
- Audoin-Rouzeau, Stéphane, John Horne, Pascale Prévost-Bault y Frédérick Hadley. 2006. *1916. La bataille de la Somme*. París: Somogy Editions.
- Gilabert, René. 2009. *La bataille de la Somme. Le sacrifice*. Albi: Un Autre Reg'Art.
- Keegan, John. 2013. *Anatomie de la bataille*. París: Perrin.
- Chemins de Mémoire, "La bataille de la Somme". Consultado el 24 de febrero de 2017. http://www.che-minsdememoire.gouv.fr/fr/la-bataille-de-la-somme-0
- Laurent, André. 2006. *La bataille de la Somme. 1916*. Amiens: Martelle.
- Michelin, ed. 1920. *Les Batailles de la Somme*. Clermont-Ferrand: Michelin, colección *Guides illustrés des champs de bataille*.
- Miquel, Pierre. 2003. *Les oubliés de la Somme*. París: Tallandier.
- Philpott, William. 2006. "The Big Push: L'armée britannique sur la Somme". *Revue historique des Armées*, n.° 242, 70-83.
- Philpott, William. 2010. *Bloody Victory, The Sacrifice on the Somme and the Making of the Twentieth Century*. Londres: Abacus.

- Philpott, William. 2010. *Three Armies on the Somme.* Nueva York: Knopf.
- Prior, Robin y Trevor Wilson. 2005. *The Somme.* Londres: Yale University Press.
- Soudagne, Jean-Pascal. 2005. *Le circuit du souvenir. La Somme dans la guerre de 14-18.* Rennes: Ouest-France.

FUENTES ICONOGRÁFICAS

- Asesinato del archiduque Francisco Fernando de Habsburgo, ilustración publicada en *Le Petit Journal* en julio de 1914. La imagen reproducida está libre de derechos.
- Soldados franceses abandonando su trinchera para atacar durante la batalla de Verdún. La imagen reproducida está libre de derechos.
- Retrato de Joseph Joffre de 1915. La imagen reproducida está libre de derechos.
- Retrato de Ferdinand Foch. La imagen reproducida está libre de derechos.
- Retrato de Douglas Haig. La imagen reproducida está libre de derechos.
- Retrato de Max von Gallwitz. La imagen reproducida está libre de derechos.
- Fotografía de un tanque de guerra que se dirige a la ciudad de Flers. La imagen reproducida está libre de derechos.
- Traslado de un soldado británico herido. La imagen reproducida está libre de derechos.
- Cuadro que representa una escena de la batalla del Somme, en noviembre de 1916. La imagen reproducida

está libre de derechos.

LECTURA RECOMENDADA

- Altam, C. 1917. *Les Tanks à la bataille de la Somme*. París: F. Rouff. Consultado el 24 de febrero de 2017. http:// gallica.bnf.fr/ark:/12148/bpt6k63136859/f1.image

DOCUMENTALES

- *La Bataille de la Somme*. Dirigido por Geoffrey H. Malins y John B. McDowell. Gran Bretaña: British Topical Committee for War Films, 1916.
- *14-18, le Bruit et la Fureur*. Dirigido por Jean-François Delassus. Francia: France Télévisions Distribution, 2008.

MUSEOS Y EDIFICIOS CONMEMORATIVOS

- Thiepval Memorial to the Missing, centro conmemorativo de la batalla en Thiepval, Francia.
- Museo de la Grande Guerre en Péronne, Francia.
- El cráter de Lochnagar, uno de los mayores cráteres de mina del conflicto, en Ovillers-la-Boisselle, Francia.
- La Maisonnette, una mansión que ofrece una vista panorámica del campo de batalla, en Biaches, Francia.
- El cementerio alemán de Berny, el mayor del Somme, Francia.
- El búnker alemán de Combles, Francia.
- La capilla en recuerdo a los franceses caídos en Rancourt, Francia.
- Las trincheras del parque de Gommecourt, Francia.

- El museo Somme 1916 en Albert, Francia.
- El cementerio y monumento conmemorativo británico de Pozières, en Pozières, Francia.

en50MINUTOS.es
Historia
Economía y empresa
Coaching
Book Review
Salud y bienestar
EL DIAGRAMA DE ISHIKAWA
Solucionar los problemas desde su raíz
Material
Método
Máquina
Madre Naturaleza
Medida
Hombres
LA GUERRA DE PALESTINA DE 1948
DOMINA EL ARTE DEL NETWORKING